# 쓱쓱 싹싹

예쁘게 색칠도 하고 사라진 그림도 찾아 그려주세요

사랑하는 _____ 에게 _____ 가 드립니다

하늘
기획

2

이번에도 다메섹이라는 동네에 숨어 있는 예수 믿는 사람들을
찾아내서 벌을 받게 하려고 가는 중이에요.

다메섹 마을에
가까이 달려온 사울은
이상한 경험을 하게 되었어요.

8

사울아! 사울아! 어디에선가 음성이 들렸어요.
"나를 부르시는 당신은 누구십니까?"

"나는 네가 핍박하는 예수이니라."
"일어나 마을로 들어가라. 너를 만날 사람이 기다리고 있다."

사울과 함께 한 사람들은 예수님의 말씀만 듣고 보지는 못했어요.
사울은 앞이 보이지 않았어요.

사울은 예수님을 하나님의 아들로 고백하며
자신의 지난 일을 회개 했어요.

16

아나니아는 사울이 해야 할 일을 말하고
사울의 눈을 고쳐 주었어요.

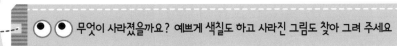
사울        바울

사울은 바울로 이름을 바꾸고 예수님의 이름을 많은 사람에게 전파했어요.

사울                    바울

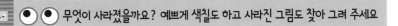

20

사람들은 바울을 의심하기 시작했어요.
"예수 믿는 사람을 핍박하던 바울이 예수를 믿어? 거짓말 아니야?"

무엇이 사라졌을까요? 예쁘게 색칠도 하고 사라진 그림도 찾아 그려 주세요

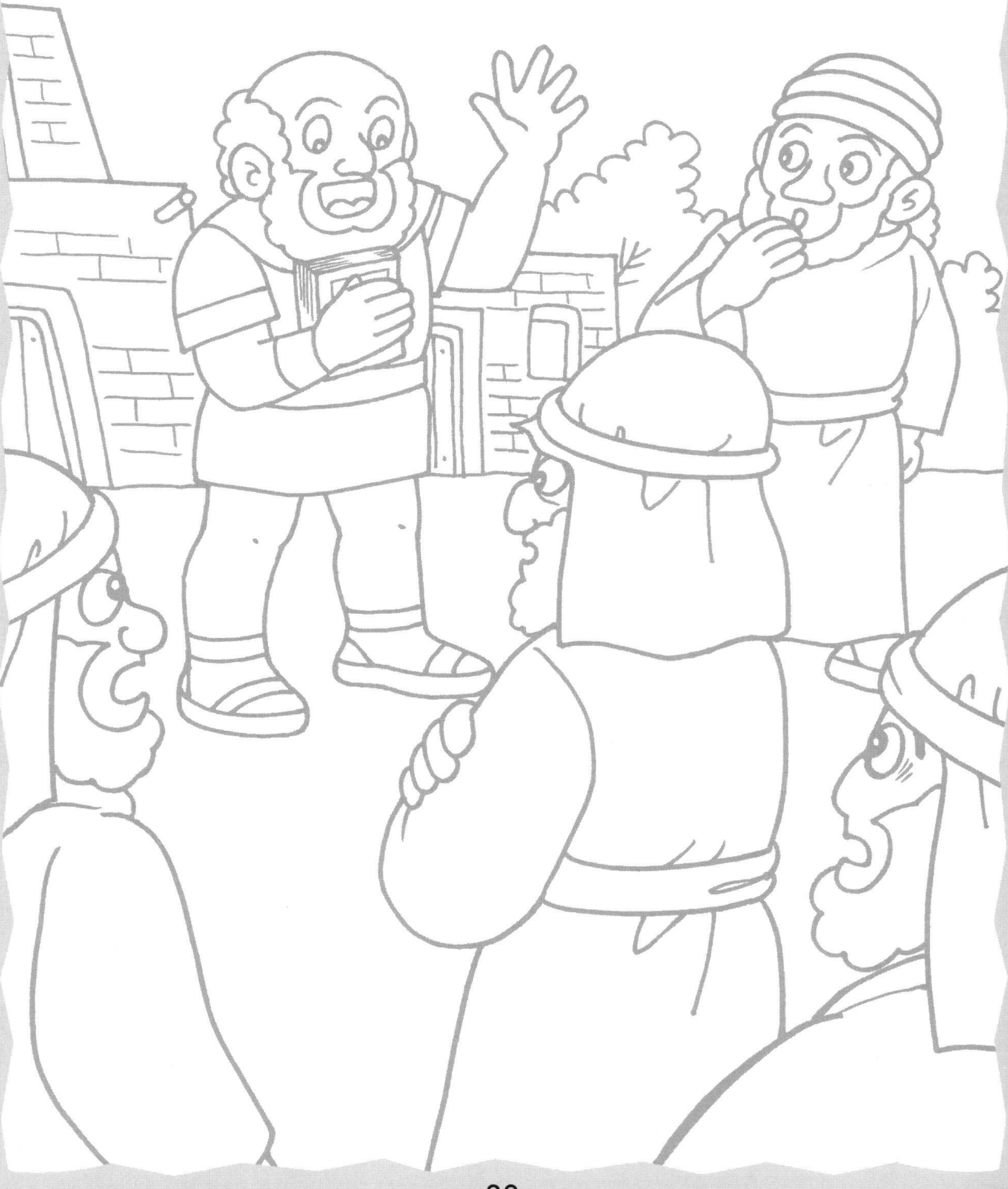

그러나 바울은 실망하지 않았어요.
오히려 자신이 만난 예수님을 전하는데 더 열심을 냈어요.

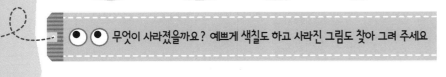

무엇이 사라졌을까요? 예쁘게 색칠도 하고 사라진 그림도 찾아 그려 주세요

24

예수님을 전하던 바울은 돌에 맞아 죽을 뻔했어요.
또 감옥에도 갇혔어요.

26

사람들은 바울이 예수님을 전하는 것을 보고
바울의 진심을 알게 되었어요.

바울에게 사람들의 시선은 상관없었어요.
왜냐하면 예수님의 이름을 전파하는데
온 힘을 쏟았기 때문이예요.

30

바울은 몸이 아파도, 힘이 들어도 예수님을 전파하는 것을 기뻐했어요.
바울은 전세계에 예수님의 이름을 전하는 전도자로 변화 되었답니다.

말은 모두 몇 마리일까요?                    ........................마리